SAMUEL MURGEL BRANCO

Viagem ao mundo dos micróbios

Ilustrações: Weberson Santiago

3ª edição reformulada
São Paulo, 2011

MODERNA

© SAMUEL MURGEL BRANCO, 2011
2ª edição, 2002
1ª edição, 1994

MODERNA

COORDENAÇÃO EDITORIAL: Lisabeth Bansi
ASSISTÊNCIA EDITORIAL: Paula Coelho
COORDENAÇÃO DE PRODUÇÃO GRÁFICA: Dalva Fumiko N. Muramatsu
COORDENAÇÃO DE EDIÇÃO DE ARTE: Camila Fiorenza
PROJETO GRÁFICO: Camila Fiorenza
DIAGRAMAÇÃO: Cristina Uetake
ILUSTRAÇÕES: Weberson Santiago
ASSISTENTE DE ILUSTRAÇÃO: Thiago Cruz
COORDENAÇÃO DE REVISÃO: Elaine Cristina del Nero
REVISÃO: Afonso N. Lopes
COORDENAÇÃO DE *BUREAU*: Américo Jesus
PRÉ-IMPRESSÃO: Helio P. de Souza Filho, Marcio Hideyuki Kamoto
COORDENAÇÃO DE PRODUÇÃO INDUSTRIAL: Wilson Aparecido Troque
IMPRESSÃO E ACABAMENTO: Gráfica Terrapack
LOTE: 779.940
CÓD: 12071783

Equipe técnica do ISMB (Instituto Samuel Murgel Branco) responsável pela revisão desta 3ª edição: Mercia Regina Domingues Moretto, Maria Augusta de Oliveira Cabral, Fábio Cardinale Branco, Rosana Filomena Vazoller

Coordenação Administrativa (Instituto Samuel Murgel Branco): Vera Lúcia Martins Gomes de Souza, Célia Massako Onishi

Dados Internacionais de Catalogação na Publicação (CIP)
(Câmara Brasileira do Livro, SP, Brasil)

Branco, Samuel Murgel, 1930-2003.
    Viagem ao mundo dos micróbios / Samuel Murgel
Branco ; ilustrações de Weberson Santiago. —
3. ed. — São Paulo : Moderna, 2011. —
(Coleção Viramundo)

ISBN 978-85-16-07178-3

1. Ciência – Literatura infantojuvenil
2. Micróbios – Literatura infantojuvenil. I. Santiago,
Weberson. II. Título. III. Série.

11-00626   CDD-028.5

DE ACORDO COM AS NOVAS NORMAS ORTOGRÁFICAS

Índices para catálogo sistemático:
1. Micróbios : Literatura infantil   028.5
2. Micróbios: Literatura infantojuvenil   028.5

Todos os direitos reservados
EDITORA MODERNA LTDA.
Rua Padre Adelino, 758 - Belenzinho
São Paulo - SP - Brasil - CEP 03303-904
Vendas e Atendimento: Tel. (11) 2790-1300
Fax (11) 2790-1501
www.modernaliteratura.com.br
2023
Impresso no Brasil

UMA VIAGEM FANTÁSTICA

Esta história vai levar você a uma viagem que só acontece nos livros, mas que traz uma série de ensinamentos para sua vida: uma viagem ao mundo dos micróbios.

Na certa você já ouviu falar desses pequeninos seres vivos, mas talvez não saiba o importante papel que eles desempenham em nossa vida e na natureza.

Com certeza já ouviu alguém dizer:

— Cuidado! Lave bem as mãos antes das refeições.

Ou ainda:

— Quando se machucar, lave bem o lugar esfolado com água e sabão, antes de fazer o curativo!

Esses conselhos estão corretos, pois a higiene é muito importante para evitar doenças. Muitos micróbios podem realmente causar problemas à saúde. Mas há também outros que não fazem nenhum mal: pelo contrário, até nos ajudam — e muito!

Se pudéssemos ficar do tamanho deles, nós nos sentiríamos em um mundo completamente novo!

Pois foi isso o que aconteceu com a Carolina. Pelo menos na imaginação, ela fez uma viagem ao mundo dos micróbios e ficou conhecendo muitos deles.

Então, vamos ver como isso aconteceu?

infecção

ocorre quando há invasão e multiplicação de seres como bactérias e vírus, resultando em danos ao nosso corpo. Por exemplo, na "dor de garganta" a bactéria, ataca nossas amígdalas, produzindo uma inflamação e, por vezes, pus.

Confira outras curiosidades sobre o mundo dos micróbios no *site*: www.modernaliteratura. com.br/viramundo

TUDO COMEÇOU COM UMA GRIPE...

Carolina estava de cama, gripada. Como tinha febre, sua mãe resolveu pedir à prima, médica, que desse uma passadinha por sua casa, antes de ir para o consultório. A doutora Neusa examinou a menina cuidadosamente, ouviu seu peito com o estetoscópio — aquele aparelho que todo médico usa para ouvir, de forma ampliada, os sons do nosso corpo — e concluiu:

— Não é só um resfriado. Você está mesmo gripada. Há uma **infecção** na garganta, mas não é nada grave. Só que precisa tomar um antibiótico, para não deixar esses microbiozinhos tomarem conta do seu corpo!

Abriu a bolsa, tirou um vidro com alguns comprimidos e explicou à mãe da menina:

— Cláudia, vou dar uma dose para atacar a infecção o quanto antes. Depois você compra mais, porque ela vai precisar tomar o remédio de oito em oito horas. Vou deixar a receita pronta, contendo todas as instruções. Mais tarde, telefonarei para saber da Carolina...

Em seguida escreveu a receita e pegou a maleta. Ela estava com pressa, pois ainda tinha várias consultas naquela manhã.

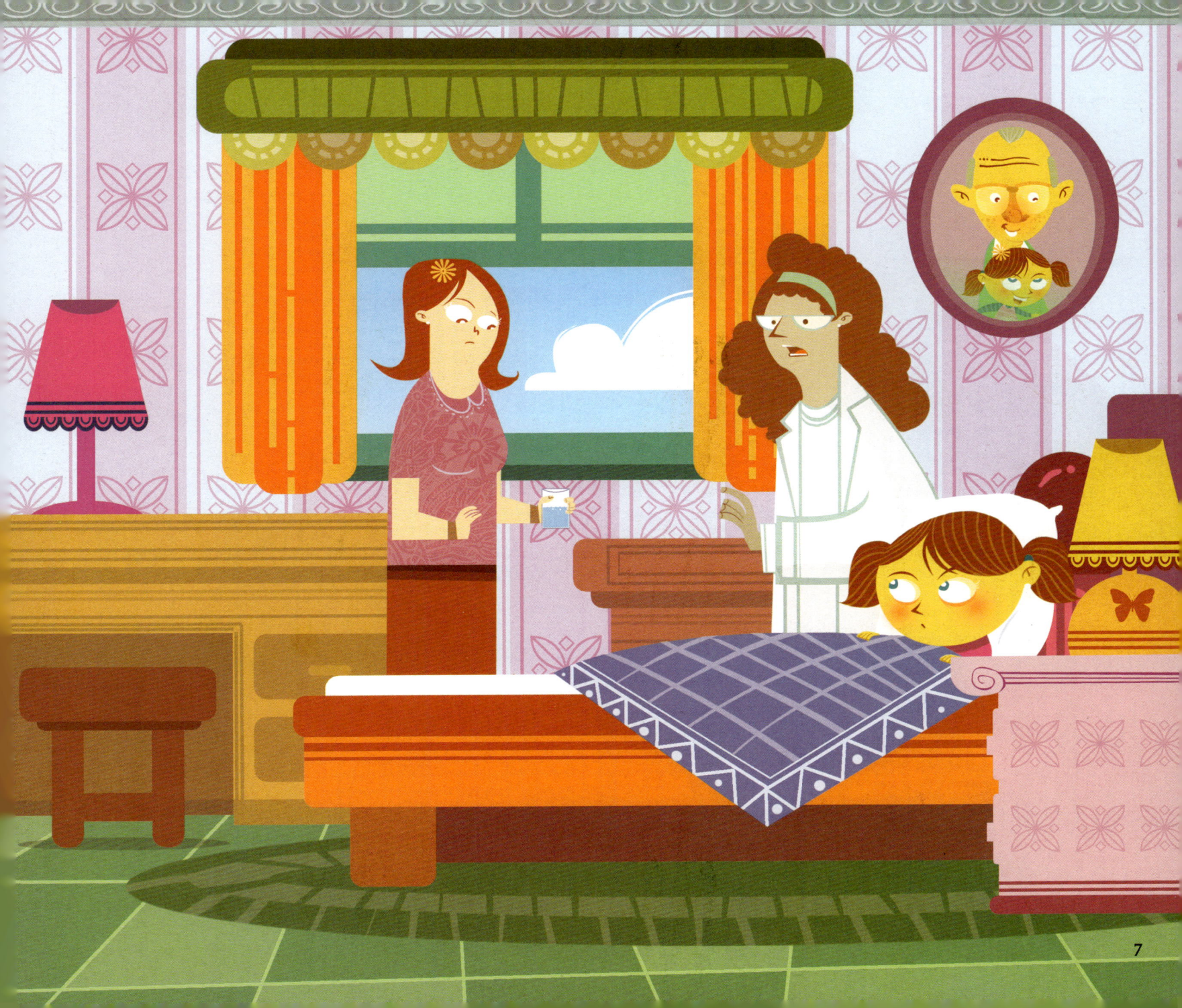

— Com a mudança de clima, a criançada pode se resfriar... Todos os anos é a mesma coisa! Mas não fique preocupada — explicou à mãe de Carolina. — É só ela tomar o remédio por cinco dias... e assim que passar a febre poderá se levantar. Deve se alimentar bem, principalmente tomar bastante líquido, suco de frutas, água, leite.

Carolina ficou um pouco preocupada:

— O que foi que a tia Neusa disse que eu tenho na garganta?

— Uma infecção, quer dizer, alguns microbiozinhos que não tinham mais o que fazer resolveram organizar um piquenique na sua garganta... e aí estão... na maior festa!

— E a febre?

— A febre é uma reação do seu corpo. Ele não gostou muito do tal piquenique e resolveu reagir! Por isso, sua temperatura subiu... Mas nós vamos cuidar disso e ajudar seu corpo a expulsar esses micróbios. E para isso vamos pedir socorro à **penicilina**, um remédio poderoso... que, curiosamente, é produzido por outros micróbios! Vai ser uma luta, mas logo a penicilina vai acabar com toda essa festa de micróbios mal-educados!

A menina riu, contente.

— Penicilina... É um nome bonito. Parece nome de fada!

— Pensando bem — disse a mãe —, é uma verdadeira fada. Ela cura muitas doenças, parece milagre! E é produzida por alguns tipos de micróbios.

Carolina ficou pensativa, e a mãe completou:

— Agora fique quietinha aí enquanto vou à farmácia buscar o remédio. Quando quiser, vá à cozinha, que eu preparei um copo de suco de laranja para você.

Depois que a mãe saiu, Carolina, sentindo sede, foi até a cozinha tomar o suco. Sentou-se num banquinho e ficou olhando distraída para a mesa, na qual havia um prato com algumas fatias de pão velho que sua mãe costumava guardar para dar aos passarinhos.

"Acho que este pão está velho demais. Nem os passarinhos vão querer", pensava Carolina, enquanto reparava que sobre algumas fatias havia uma mancha verde e aveludada de mofo.

— Engraçado — disse consigo mesma —, nunca tinha reparado que o mofo é igual a uma pequena floresta verde... Parece que está vivo!

— É claro que estamos vivos! — ela ouviu.

Carolina nem se assustou com isso. Sonhadora como era, já estava acostumada a conversar com seres invisíveis criados por sua imaginação.

— Quem falou isso? Foi o mofo? — perguntou ela.

— Não me chame de mofo! — disse uma vozinha. — Esse é um nome dado por quem não conhece meu nome verdadeiro ... Eu sou um fungo e me chamo Penicílio. Sou o fabricante da penicilina! — concluiu com orgulho.

penicilina
antibiótico natural proveniente de um fungo cujo nome em latim é *Penicillium*. Daí a origem da palavra penicilina.

— E o que é um fungo?

— Ora... fungos são esses seres que vivem em lugares úmidos... com certeza você já comeu fungos, os deliciosos cogumelos! Só que nem todos são grandes como os cogumelos: eu, por exemplo, sou muito pequeno...

— Ah... então é por isso que eu não vejo você muito bem... — disse Carolina. — Como devo fazer para a gente conversar direito, mais de perto?

A vozinha silenciou por algum tempo. Depois disse:

— Você tem dois jeitos de me ver: o primeiro é usar um microscópio...

— Mas eu não tenho um microscópio! — disse a menina, meio aborrecida.

— Bem... Nesse caso, só existe uma maneira... É fazer como a Alice.

— Alice? Que Alice? — perguntou Carolina, intrigada.

— Alice, ora... Aquela que visitou o País das Maravilhas. Você não se lembra do cogumelo que ela comeu para poder atravessar uma passagem muito pequena?

— Lembro, sim — respondeu a menina, alegre, pois gostava muito daquela história. — Ela comeu um pedaço do lado direito de um cogumelo do campo, desses que têm uma espécie de chapéu... Mas como é que você sabe disso?

O fungo riu, entre contente e orgulhoso:

— Ora, os cogumelos são todos meus parentes... É uma família muito grande, a dos fungos.

— Ah! É verdade. Você já tinha falado... Mas onde vou achar um cogumelo de chapéu, igual àquele da Alice?

Você sabia?
Engana-se quem pensa que as formigas saúvas comem as folhas que cortam e carregam para o formigueiro. Na verdade, elas utilizam essas folhas para cultivar um fungo do qual se alimentam.

— É simples, veja... — respondeu o fungo. — Tem um bem aí do seu lado. É meu primo!

E, como se fosse mágica, ali estava um bonito cogumelo.

— Ué... Tem mesmo um cogumelo aqui! E que enorme que ele é! Como é que eu nunca tinha visto?

— Vai ver que você não tem usado muito a sua imaginação. Vamos, coma depressa um pedaço do lado direito do chapéu... Mas tem que ser um pedaço grande, pra você ficar do tamanho de um micróbio!

Carolina ficou um pouco indecisa:

— Mas... Depois eu volto para cá? Fico grande de novo?

— Claro que sim! Você só vai dar um passeio pelo mundo dos micróbios para conhecê-lo. Depois você volta, isso eu garanto!

Carolina, por fim, decidiu-se. Com cuidado para não machucar muito o cogumelo, tirou um pedaço do lado direito do chapéu e comeu com prazer. Imediatamente sentiu que estava diminuindo de tamanho.

OS MICRÓBIOS QUE CURAM

À medida que seu corpo ia diminuindo, Carolina sentia que entrava num bosque verde, cheinho de arbustos. Quando parou de encolher, viu que esses arbustos, todos mais ou menos iguais, eram do seu tamanho. Estava no meio do "bosque de mofo"!...

— Bom dia, Carolina! Bem-vinda ao nosso mundo! — disse um dos arbustos, bem à sua frente.

Imediatamente ela reconheceu a vozinha com a qual estivera conversando.

— Bom dia! — respondeu alegre. — Que bom conhecer você e o seu mundinho...

— Mundinho, não! — protestou o fungo. — Meu mundo é muito grande... Do tamanho do seu. Nós é que somos muito pequenos!

— E então, meu caro Penicílio? Você vai me levar para conhecer o seu mundo? Ou você vive plantado aí como uma árvore?

Penicílio riu:

— Normalmente não tenho movimento. Mas nós temos aqui nossas mágicas, como você já viu. Vou andar por aí com você! Faço questão de lhe apresentar, pessoalmente, todos os meus parentes e amigos micróbios... E também alguns que não são nem parentes nem amigos,

Você sabia?
Não podemos consumir antibióticos sem a indicação de um médico, nem comprá-los na farmácia sem uma receita.

como aqueles que costumam produzir infecção na garganta de adultos e de crianças como você!

— Ah! Então você sabe que eu estou doente?

— Claro que sei! Pois um de nós é quem está curando você!... Não esqueça que eu e meus irmãos somos os fabricantes da penicilina!

— E só os da família dos penicílios é que fabricam esses remédios? — indagou a menina, muito curiosa.

— Não! Há muitos outros que produzem diversos tipos de antibióticos. Alguns são fungos, outros, bactérias...

— E o que são bactérias?

— Bactérias são micróbios ainda menores do que os fungos e que vivem no solo, nas águas e até no ar! — respondeu Penicílio. — Nós ainda vamos encontrá-las por aí...

Em seguida deu-lhe a mão, dizendo:

— Vamos logo... Vamos conhecer este mundo. Você não tem muito tempo para ficar aqui...

Carolina riu:

— Você parece aquele coelhinho da Alice... Sempre com pressa!

Penicílio achou graça e foi explicando:

— Vamos atravessar este "bosque" de fungos. Aqui, várias espécies estão misturadas: os penicílios, os **aspergilos**, os mucores...

— São todos fungos?

— Sim, só que de famílias diferentes.

— Mas todos produzem a penicilina? — interrogou a menina.

— Não! Só os da minha família! — respondeu orgulhoso. — Para isso, eles têm que estar isolados... Veja ali.

aspergilo
é um fungo bastante comum na natureza. Conhecido como mofo ou bolor, é responsável pela decomposição de alimentos como o pão e a batata. Esse mofo também pode causar nas pessoas doenças como as micoses.

Carolina viu à sua frente um grande "bosque" de fungos, todos iguaizinhos, como se fosse uma plantação de seringueiras: de cada fungo escorriam algumas gotinhas de um líquido transparente.

— Mas... Eles estão chorando? — indagou a menina, preocupada.

— Não, não estão chorando. Eles produzem a penicilina do mesmo jeito que as vacas produzem leite, ou as flores produzem o néctar adocicado...

— E eles sempre produziram esse líquido?

— Sim, sempre. Desde que existe a família dos penicílios: há séculos!

— Mas há quanto tempo ele é usado para curar as doenças? — perguntou Carolina.

— Há mais de um século um pesquisador descobriu que podíamos produzir esse líquido... Quer que eu conte a história?

— Quero, sim. Gosto muito de histórias — respondeu a menina, muito curiosa.

A DESCOBERTA DOS ANTIBIÓTICOS

— Tudo começou com um cientista chamado Fleming. Ele costumava criar micróbios em vidrinhos, no laboratório. Principalmente os micróbios que causam doenças.

— Pra que ele fazia isso? — quis saber Carolina, intrigada. — Pra que criar micróbios?

— Porque é necessário — respondeu o fungo. — Criando micróbios, os cientistas descobrem as causas das doenças e inventam remédios para curar as pessoas. E era exatamente isso que Fleming fazia.

— E como são criados os micróbios no laboratório?

— Bem, o cientista costuma preparar uma espécie de caldo contendo o alimento para os micróbios; esse caldo é misturado a uma gelatina que endurece... E sobre essa gelatina ele espalha os micróbios, como se fosse um jardineiro semeando plantas nos canteiros. Depois de algum tempo, cada ponto da gelatina que recebeu uma "semente" de micróbio produz uma **colônia**...

colônia
conjunto de organismos da mesma espécie que vivem agrupados. Na biologia, vários organismos, como as bactérias, os fungos e os corais, formam colônias.

— E o que é colônia?... Eu só conheço colônia de férias... — comentou Carolina.

— Não é muito diferente — respondeu o fungo, rindo. — As colônias de bactérias ou fungos são formadas por milhares desses seres microscópicos. Como aquela de penicílios que você viu sobre o pão e chamou de mofo.

— E basta cair um micróbio num lugar para formar toda a colônia?

— Sim. Ou um micróbio ou um esporo, que é como se chama a sementinha dos fungos — explicou Penicílio.

— E depois? — perguntou a menina.

O funguinho continuou:

— Bem, quando o cientista semeia micróbios em um vidrinho com a gelatina, ele precisa tampar o vidro com cuidado, para que não caiam bactérias ou esporos que andam espalhados pelo ar. Senão atrapalha tudo, acabam nascendo seres que o cientista não deseja na sua experiência...

— E foi o que aconteceu com esse tal de Fleming?

— Isso mesmo... Antes que ele tivesse tempo de fechar o vidro em que criava os micróbios patogênicos...

A menina torceu o nariz.

— Patogênicos? Que nome esquisito! Eles são parentes dos patos?

O funguinho gargalhou e respondeu:

— Não, não é isso... Patogênicos são micróbios que causam doenças! Antes que o vidro fosse fechado por Fleming, um esporo conseguiu entrar na gelatina. E sabe quem era? Era meu bisavô, que ficou muito famoso por isso.

Carolina arregalou os olhos.

— E daí... O que aconteceu?

Você sabia?

O ar é cheio de pequenos esporos que não podem ser vistos sem o auxílio de um microscópio. O esporo é equivalente a uma semente e tem a capacidade de germinar e gerar um novo organismo.

— Aconteceu que os fungos da família do Penicílio, velhos inimigos dos micróbios causadores de doenças, formaram logo uma grande colônia de penicílios e começaram a produzir suas gotinhas de antibiótico...

— E mataram todos os micróbios...

— Não, os antibióticos combatem os micróbios causadores de doenças, mas não matam!

— Não? — exclamou Carolina, decepcionada.

— Eles não matam, mas também não deixam os patogênicos se reproduzirem. Não nascem mais "bebês micróbios" e, como eles têm vida muito curta, logo morrem de velhice, sem deixar descendentes...

— E o que aconteceu quando Fleming viu isso? — perguntou a menina.

— Ele percebeu que nos lugares onde se espalhava a coloniazinha de fungos não apareciam colônias do micróbio patogênico.

— Oba! — gritou a menina. — Então os penicílios venceram os patogênicos!

Penicílio estufou o peito, orgulhoso:

— É por isso que, ali na praça, há uma estátua do meu bisavô, o fundador dos antibióticos... Daí em diante, Fleming passou a cultivar colônias de penicílios para ter sempre as gotinhas que eles produzem e que impedem os patogênicos de se reproduzirem. Ele deu a essas gotinhas o nome de penicilina.

Você sabia?
As mãos podem "transportar" organismos patogênicos causadores de diarreias e infecções respiratórias. Lavar as mãos com frequência, usando sabão e água limpa, é a forma mais simples e eficaz de prevenir essas doenças.

21

OS MICRÓBIOS FERMENTADORES

Carolina continuou seu passeio com Penicílio pelo mundo dos micróbios. Caminhando por uma pequena rua, de repente a menina ouviu altas gargalhadas. A folia vinha de um enorme barracão onde muitos micróbios, sempre alegres, trabalhavam e se divertiam ao mesmo tempo.

— Parece que estão muito alegres! — observou a menina.

O fungo sorriu:

— Eles são assim mesmo... Muito alegres, mesmo quando trabalham. E conseguem transmitir alegria também às pessoas...

— Às pessoas? Como micróbios tão pequenos podem fazer isso?

Penicílio achou engraçada a curiosidade da menina e explicou:

— Eles são os micróbios fermentadores... Fabricantes de bebidas como a cerveja, o vinho, as aguardentes...

A menina mostrou-se surpresa.

Você sabia?

Micróbios fermentadores são encontrados nos intestino de peixes, vacas e cupins, ajudando-os no processo da digestão de alimentos que contêm celulose (tipo de açúcar encontrado nos vegetais).

— Eu não sabia que as bebidas eram fabricadas por micróbios.

— Pois são — respondeu Penicílio. — Eles também são fungos, mas de outra família, os **levedos**. Eles transformam o açúcar ou a farinha em álcool. Se for açúcar de cana, forma a aguardente, a cachaça; se for de uva, dá o vinho; se for açúcar de cevada, forma a cerveja... e assim por diante!

Carolina então perguntou:

— Mas então eles também produzem o álcool que usamos no nosso carro?

Rapidamente Penicílio respondeu:

— Sim, pois grandes quantidades do açúcar da cana-de-açúcar são transformadas em grandes quantidades de álcool, o combustível que no Brasil é importante para substituir a gasolina!

— Que legal! — exclamou Carolina.

— Vamos em frente, que ainda tenho muito para mostrar por aqui. Está vendo este enorme galpão cheio de sacos de farinha e com grandes fornos soltando fumaça pelas chaminés?

— Estou, sim — respondeu Carolina. — E que cheiro gostoso!

levedo

é um fermento natural. Como os bolores e os cogumelos, o levedo (também chamado de levedura) faz parte do conjunto de fungos. Ele é utilizado na produção de diversos alimentos, como o pão e a *pizza*.

— São os micróbios produzindo pão.

— Pão?! — estranhou a menina. — Também tem micróbio nisso?

— Sim. E são da mesma grande família dos levedos. Esta é uma enorme família de fungos e são todos muito trabalhadores!

Carolina estava em dúvida:

— Mas eu já vi a minha avó fazer pão no sítio. Ela só mistura farinha, água, um pouco de sal...

— E fermento, ou melhor, os levedos ou leveduras — completou o funguinho.

— Mas esse fermento é totalmente diferente daquele fermento em pó que minha avó usa quando prepara um bolo, para deixá-lo macio...

E Penicílio completou:

— É que o fermento de bolo é apenas um produto químico que, quando molhado e aquecido, desprende um gás que faz a massa ficar mais fofa.

— Como o sal de frutas que a gente toma quando sente mal-estar no estômago?

— Isso mesmo! Mas o fermento usado no pão é diferente, como você já sabe. Ele tem milhões e milhões de micróbios que respiram e produzem gás carbônico, esse mesmo gás que você produz quando respira. O gás forma bolhas de todos os tamanhos dentro da massa, e é assim que ela cresce e fica com aquele gosto todo especial...

— E um cheiro muito gostoso! — disse a menina, com água na boca. — Mas como é que esses mesmos levedos sabem quando é para produzir álcool e quando é para produzir gás carbônico?

Penicílio achou a pergunta interessante.

— Depende da existência ou não de ar... Se não houver ar, os levedos produzem álcool. Se houver, eles produzem gás carbônico. Por isso é que a massa de pão precisa ser batida ou sovada várias vezes, antes de ir ao forno. É para que fique com bastante ar!

— Pode ser que a minha avó não saiba disso... Preciso contar a ela. Pelo menos não vai ficar amassando, amassando, sem saber por quê!

O funguinho riu e os dois continuaram a caminhar. Logo depois chegaram a uma grande fábrica, toda cercada de altos muros. No portão havia alguns caminhões, que estavam descarregando muitos latões com leite. Penicílio convidou a menina a entrar.

— Não faça cerimônia. Aqui há muitos parentes meus.

A menina ficou admirada. O interior da fábrica era todo de azulejos e muito limpo. Milhares de micróbios trabalhavam ativamente. Era uma fábrica de produtos que vêm do leite!

— E o que fazem com todo esse leite? — perguntou Carolina.

— Fazem coalhada e iogurte. E há ainda uma seção de queijos.

— Tudo isso é arte dos fungos?

— Não apenas dos fungos, mas também das bactérias — respondeu o micróbio, rindo. — Como você vê, a sua alimentação depende muito de nós.

— E como é feito o iogurte? Eu gosto muito, e a mamãe diz que faz muito bem à saúde!

Penicílio concordou.

— Faz, sim! Ele fortalece as pessoas, aumentando a resistência do corpo contra as doenças... Quer que eu conte essa história também? — perguntou.

— Oba! Quero, sim — respondeu a menina, rapidamente.

A HISTÓRIA DO IOGURTE

Você sabia?

O iogurte é um alimento saudável que pode ser consumido com frequência. Rico em proteínas, cálcio e vitaminas A e B, contém micróbios fermentadores que ajudam na nossa digestão.

— Foi também um micróbio, uma bactéria que vivia em um país distante, chamado Bulgária, que inventou o iogurte — começou Penicílio.

— Verdade?

— Pois é isso. Mas existe uma lenda a respeito. Dizem que, certa vez, há muitos e muitos anos, um rei da Bulgária, muito estimado pelo seu povo, estava doente e dia após dia ficava cada vez mais fraco. Ninguém sabia o que ele tinha, e todos os médicos já estavam desanimados achando que não havia mais jeito de curá-lo.

— Coitado! — disse a menina, com pena.

— O povo, que gostava muito do rei, começou a procurar pessoas que pudessem salvá-lo. Até que um dia...

— Apareceu uma fada! — exclamou Carolina, impaciente.

— Quase isso — respondeu Penicílio. — Na verdade não foi uma fada, mas um velho sábio trazendo na mão um potinho com uma espécie de coalhada.

— O iogurte! — adivinhou rapidamente a menina.

— Sim, o iogurte. Ele deu o potinho ao rei e disse que todos os dias ele deveria tomar um copo e deixar um pouquinho no pote. Esse restinho era para misturar com leite e guardar em lugar arejado. No dia seguinte, teria nova quantidade de iogurte, e assim por diante. Enquanto tomasse isso, teria uma ótima saúde!

— E foi verdade?

— Dizem que sim. Segundo a lenda, tomando o iogurte todos os dias, o rei viveu cem anos!

— E o seu parente, o micróbio?

— Bem... Ele foi o fundador daquela colônia de bactérias que cresceu, fermentou o leite e deu aquele gosto saboroso. O restinho que sobrava tinha inúmeros micróbios que logo que entravam no leite multiplicavam-se imediatamente.

A menina gostou da história. Mas queria saber mais.

— E os queijos? Também sou louca por eles.

— A fermentação do leite para fabricar queijo nem sempre é feita por micróbios. Às vezes são usados outros tipos de fermento. Os queijos mais finos passam por um processo de fermentação chamado de "cura", que é realizado por fungos. Você já ouviu falar no queijo Camembert?

— Hum! Eu acho uma delícia! É um queijo de origem francesa! — exclamou a menina. — Mas tem gente que não gosta. É cremoso e tem uma camadinha branca por cima.

— Pois é uma camada de **bolor** branco, que também é fungo. E os queijos Roquefort e Gorgonzola? — perguntou Penicílio.

— Desses eu não gosto. São aqueles meio verdinhos por dentro, têm cheiro e gosto fortes... — falou Carolina fazendo uma careta.

— O verdinho é fungo também!

— Não vai me dizer que é seu parente?! — duvidou a menina.

O funguinho sorriu:

— Exatamente. Aquele verdinho é um penicílio. Somos nós que fazemos aqueles queijos, assim como fazemos a penicilina.

— Os penicílios estão em todas mesmo! — concluiu Carolina.

bolor
denominação comum para os fungos que têm formato de "fios", diferentes dos fungos que são do tipo cogumelo. Alguns podem causar doenças, outros, a decomposição de materiais. Há ainda os que são responsáveis pela produção de alimentos e medicamentos.

OS MICRÓBIOS PERIGOSOS

Depois que saíram daquelas belas ruas ajardinadas onde estavam as fábricas produtoras de alimentos, Carolina e Penicílio entraram por umas ruas estreitas, meio sujas e escuras, com casas malcuidadas e aparência estranha.

— Aqui é preciso andar com cuidado — preveniu Penicílio. — Esta é a região perigosa do nosso mundo.

— Por quê? — perguntou a menina, com medo.

Penicílio apontou para um grupo de micróbios reunidos em uma pequena praça.

— Olhe só para eles. São vilões! — disse o pequeno fungo. — Eles são causadores de doenças.

— Ah, sei! — disse Carolina baixinho. — São os tais micróbios patogênicos?

— Isso mesmo. Ao contrário dos que você viu até agora, esses atacam o corpo das pessoas. São parasitas.

— Parasitas? Já ouvi essa palavra, mas não sei bem o que significa.

— Parasitas são seres que vivem à custa dos outros! — disse o Penicílio de maneira tristonha...

— E como vivem os micróbios parasitas?

— Geralmente, dentro de outros seres vivos, pessoas, animais ou vegetais, retirando os alimentos de seu sangue, de sua seiva ou de seu organismo. Por isso, tornam-se completamente dependentes, isto é, não conseguem viver sozinhos.

— E isso faz mal?!

— Sim, é o que causa grande parte das doenças, como a sua dor de garganta, por exemplo. Os micróbios parasitas, vivendo no corpo de outro ser, encontram aí um ambiente favorável, com bastante alimento e boa proteção. Então, começam a multiplicar-se muito, invadindo todo o corpo, consumindo grande parte do seu alimento e produzindo substâncias que fazem mal.

— E o corpo não reage?

— Sim, reage. E essa reação depende muito da sua saúde. Isto é, para que o corpo reaja a uma doença, é preciso que a pessoa se alimente bem, que faça exercícios, que tenha boa higiene. Mas em alguns casos é necessário tomar algum remédio.

— Um antibiótico, por exemplo — disse a menina.

— Sim, mas isso só em casos de infecção forte. Em geral, só a reação do corpo já é suficiente para expulsar os patogênicos...

— É quando aparece a febre... foi o que mamãe me explicou! — completou Carolina.

— Isso mesmo. A febre é uma reação do corpo, e podemos ajudá-lo ainda mais se ingerirmos vitaminas e repousarmos...

— E penicilina!

— Sim — disse Penicílio. — Mas, lembre-se, só quando a infecção é realmente forte e com recomendação médica. O antibiótico não pode ser tomado sempre!

— Por quê? — perguntou Carolina. — Não é bom tomar logo e impedir que o micróbio patogênico se desenvolva no nosso corpo?

— Não! — respondeu o pequeno fungo. — Se as pessoas tomarem antibióticos com muita frequência, os patogênicos vão acabar se acostumando com eles.

— Ficam resistentes?!

— É mais ou menos isso — concordou Penicílio. — Depois o antibiótico quase não faz mais efeito, e aí é preciso tomá-lo em grandes quantidades ou misturar vários antibióticos diferentes. E também não se pode tomar qualquer antibiótico.

— Mas os antibióticos não são todos iguais? — estranhou a menina.

— Não, na verdade existe um antibiótico específico para cada tipo de patogênico. Por isso é muito importante só tomar o antibiótico que o médico receitar, e sempre nas doses e nos horários indicados. Mas melhor mesmo é aumentar a resistência do próprio organismo para não precisar tomar antibióticos. Comer bem, tomar suco de frutas, vitaminas, fazer exercícios...

— Tomar iogurte... — completou Carolina.

O funguinho sorriu satisfeito.

— Isso mesmo! Você aprende depressa!... Mas vamos sair logo deste bairro. Claro que, eu estando com você, eles não vão lhe fazer nenhum mal. Os penicílios são inimigos dos patogênicos, como eu já lhe contei. Venha, tenho mais coisas interessantes para mostrar!

Você sabia?
O picles e as azeitonas são alguns produtos vegetais fermentados.

OS MICRÓBIOS DOS JARDINS

Quando chegaram ao final daquela triste rua, depararam-se com um belíssimo parque. No centro, havia um lindo lago com peixinhos de todas as cores e, em volta do lago, jardins floridos com árvores frondosas. Centenas de beija-flores voavam sem parar, de uma flor para outra, recolhendo o **néctar** adocicado.

No meio de tudo isso, Carolina notou um grande número de micróbios vestidos de jardineiros, como os anõezinhos dos contos de fadas, conduzindo seus carrinhos de mão ou remexendo a terra com pás e enxadas.

— Que bonito! Parece um sonho! Nunca vi um parque tão lindo! — disse ela, encantada.

— Pois estes são alguns dos mais incansáveis trabalhadores do mundo dos micróbios! São os decompositores, formadores de solos férteis. Eles é que produzem essa terra escura e fofa, chamada de "terra vegetal", que as pessoas tanto procuram para pôr nos vasos e jardins.

néctar
substância líquida, rica em açúcares, produzida por algumas flores. Serve de alimento para pássaros e insetos, como abelhas e borboletas.

— E como eles fazem isso? — indagou a menina, curiosa.

O micróbio explicou:

— Eles transformam as folhas, ramos velhos e tudo o que cai sobre o chão em uma espécie de gelatina escura, chamada húmus, que se mistura à terra. A terra que não tem húmus é dura, ressecada, ou, então, é um areal solto, onde não cresce quase nada. O húmus torna a terra fofa, bem porosa. Assim, o ar e a água penetram nela com facilidade, entrando pelas raízes das plantas. Além disso, o próprio húmus contém adubo, que é o alimento dos vegetais.

— Mas como esses micróbios conseguem transformar as folhas em húmus? Eles moem as folhas?

— Não, não moem — respondeu Penicílio. — É uma espécie de fermentação, muito parecida com a capacidade de fermentar dos micróbios que fabricam bebidas e pão. Os micróbios, tanto fungos como bactérias, são capazes de produzir líquidos que atacam as folhas caídas transformando-as no húmus gelatinoso. E não só as folhas, mas todo tipo de restos de alimentos, esterco de animais e até mesmo o esgoto das casas. Tudo isso pode ser fermentado e transformado em rico adubo para as plantas.

Carolina ficou pensativa. De repente disse:

— Pois esse seria um bom jeito de acabar com o lixo das cidades. Em vez de juntar aqueles montões de lixo, que ficam cheios de urubus, ratos e baratas, podiam colocar lá esses micróbios... Como chamam mesmo?

— Decompositores.

— Isso! Podiam chamar os decompositores para transformar tudo aquilo em húmus! — completou a menina, satisfeita com a ideia.

Penicílio sorriu.

— Pois isso é feito em algumas cidades. O lixo transformado em húmus é chamado de composto, e o processo é chamado de compostagem. Existem fábricas de compostos, onde o lixo é todo transformado em adubo, com a ajuda de milhões e milhões desses decompositores. E com uma grande vantagem: esses micróbios trabalham de graça! Mas, antes de colocar o lixo para virar composto, é necessário separar tudo aquilo que os micróbios não conseguem decompor...

— É por isso que lá em casa a mamãe sempre pede para a gente colocar as latas, plásticos, vidros e restos de comida em latas de lixo separadas?

Você sabia?

Cada brasileiro produz aproximadamente um quilo de lixo por dia. Metade desse lixo é constituída por restos de alimentos (cascas de frutas, ovos e folhas) que poderiam ser utilizados na compostagem. A outra metade é de materiais como papel, plástico, vidro e metal, que podem ser reciclados.

— Isso mesmo! — admirou-se o funguinho. — Sua mãe faz muito bem em ensinar isso a você. Só os restos de comida é que podem ser transformados em húmus.

— Seria ótimo se todas as cidades usassem esse processo! — comentou Carolina. — Ficariam limpas... E os seus jardins seriam sempre bonitos! Mas esses decompositores existem em toda parte? Vivem em qualquer ambiente?

— Sim — respondeu Penicílio —, eles vivem nas águas dos rios e dos mares, por exemplo, decompondo todo o esgoto lançado ali. Vivem nas latas de lixo e no solo de qualquer região.

— Na Floresta Amazônica também?

— Sim, claro. Aliás, esse é um belo exemplo do trabalho desses micróbios. Se não fossem os decompositores, a Floresta Amazônica deixaria de existir.

A menina espantou-se.

— Como é possível isso?! Uma floresta tão grande, com árvores gigantescas!

— Pois essas árvores gigantescas dependem desses minúsculos micróbios para poder viver! Uma região sem decompositores vira deserto!

— Desculpe, mas acho que você está exagerando. Se fosse assim, o mundo inteiro dependeria dos micróbios!

— E é isso mesmo — concordou Penicílio, com orgulho. — Não quero me gabar, mas a verdade é que todos os outros seres dependem de nós. Nas florestas, por exemplo, todas as folhas que caem das árvores têm que ser imediatamente decompostas para produzir húmus, senão as próprias árvores não vão ter mais alimento no solo.

Você sabia?
O desmatamento é causado por ação humana para aumentar áreas para agricultura e pasto, extrair madeira e ampliar cidades. É possível observá-lo com a ajuda de imagens de satélites. Essa é uma das formas que o governo utiliza para controlar o desmatamento na Amazônia.

— Por isso é que ninguém deveria desmatar as florestas! — comentou Carolina.

— Isso mesmo. Quando as árvores são cortadas e queimadas, não há mais folhas para fazer húmus. O próprio fogo mata os decompositores, e a terra fica sem vida. A chuva vem e leva tudo, fica um areal, um deserto! — concluiu Penicílio.

— Ah! Eu já tinha ouvido isso, mas não tinha entendido.

— É que você ainda não conhecia o mundo dos micróbios — disse o pequeno fungo, sorrindo. — E vamos andando, ainda há mais coisas para você conhecer!

OS FABRICANTES DE OXIGÊNIO

Já fazia um bom tempo que Carolina estava nesse mundo encantado dos micróbios. Era preciso voltar à realidade. Mas, mesmo assim, Penicílio convidou-a para um último passeio, agora em um lago.

— Vamos pular lá dentro? — sugeriu o pequeno fungo.

— Dentro da água? — espantou-se Carolina. — Não posso, ainda estou com um pouco de febre!

Penicílio sorriu.

— Não tem perigo. No mundo dos micróbios não existe febre. Você não vai nem se molhar. E nós vamos dar um belo passeio no fundo do lago!

A menina concordou. Entrou na água e, como por encanto, não sentiu nenhuma diferença. Caminhava no fundo do lago como se estivesse no meio de um bosque: havia muitas plantas em forma de longas serpentinas verdes por todo lado. De repente, viram uma belíssima bailarina.

— Que linda! — exclamou Carolina. — Como ela se chama?

Penicílio logo a apresentou:

— Esta é a Asterionela, uma pequena alga. É a bailarina principal do corpo de baile do lago. Mas há outros dançarinos, todos muito bonitos.

Logo vieram os membros do corpo de baile, que Asterionela foi apresentando:

— Esta é a Micrastério, aquele é o Euastro, o outro é o Cosmário.

— Nossa, como vocês são lindos! — exclamou Carolina. — Mas têm nomes muito complicados! Vocês dançam o tempo todo aqui no lago?

— Sim, dançamos — disse Asterionela, sorrindo —, isto é, esse é o nosso modo de nos locomover. Da mesma forma que você anda, nós também temos o nosso jeito de nos movimentar.

A menina ficou meio confusa. Penicílio mais do que depressa explicou:

— Essas algas microscópicas, além de fazerem um lindo balé aquático, têm também uma função importantíssima: elas fabricam alimento e produzem oxigênio.

— Como assim? — indagou a menina, espantada. — Tão pequeninas!...

O micróbio sorriu:

— Pois é. Mesmo pequeninas assim, elas são tão importantes quanto gigantescas florestas! Por acaso você já ouviu falar em fotossíntese?

— Já sim, mas não sei direito o que é — respondeu Carolina, indecisa.

— Depois que eu explicar você vai entender por que as florestas e também as algas são tão importantes para a vida. A fotossíntese faz as plantas produzirem todo o alimento da Terra.

— Todo o alimento? Mas...

Penicílio achou graça na surpresa da menina. E explicou melhor.

— Claro que elas não produzem macarrão, churrasco e tudo o que as pessoas comem. Mas produzem um açúcar chamado glicose, que é a matéria básica para a produção dos alimentos. Os outros seres, como os animais, não fazem isso.

— Mas os animais comem vegetais, que têm glicose — disse Carolina.

— Ou então comem outros animais, que, por sua vez, comem vegetais. Por isso, todos os seres vivos dependem dos vegetais. Só eles conseguem fabricar a glicose, chamada de matéria orgânica. Para isso, eles usam o gás carbônico do ar e a energia da luz do Sol!

— É verdade... — comentou a menina. — Já reparei que plantas nunca comem!

Você sabia?

Algas microscópicas são estudadas por pesquisadores e, para isso, são coletadas nos ambientes de rios, lagos e mares com redes de malha muito fina.

— É, elas se alimentam por meio da fotossíntese. E fazem outra coisa que também é muito importante para todos os animais: produzem o oxigênio usado na respiração.

— Oxigênio?! — exclamou Carolina, cada vez mais espantada.

— Sim. Todo o oxigênio que existe no ar é produzido pelas plantas por meio da fotossíntese. Por aí você vê como a fotossíntese é importante para todo mundo!

— Sim... eu entendo. Mas o que essas algas tão pequenas, microscópicas, têm a ver com isso tudo que você explicou?

Penicílio sorriu.

— Têm muito. Essas algas fazem fotossíntese e produzem o oxigênio e o alimento para todo o mundo aquático: rios, lagos, oceanos!

Carolina ficou surpresa.

— São as algas que produzem o oxigênio para a respiração de todos os micróbios dos mares e dos lagos?

— Não só dos micróbios — contestou o fungo —, mas de todos os seres aquáticos: desde os pequeninos camarões até os gigantescos tubarões! É assim: na terra, as plantas produzem o alimento e o oxigênio para todos os animais terrestres; na água, o alimento e o oxigênio dos seres aquáticos são produzidos pelas algas.

A menina arregalou os olhos:

— Nem dá para acreditar que as algas microscópicas podem fazer tudo isso! Aquelas plantinhas verdes que estão no aquário lá de casa também não são algas?

— Não, não são! São plantas aquáticas... como as plantas que existem no seu jardim, só que não vivem na terra. No mar, sim, existem algumas algas muito grandes, que vivem principalmente presas às pedras da costa, ou flutuando em alto-mar. Só que são poucas em comparação com as pequenas que vivem em cada gota do oceano!

OS SERES VIVOS DEPENDEM DOS MICRÓBIOS

Penicílio estufou o peito de orgulho, diante da surpresa da menina.

— Pois é... Eu não lhe disse que toda a vida neste nosso imenso mundo depende dos micróbios? Claro que todos os seres vivos possuem seu papel na cadeia alimentar, e são muito importantes também... mas os micróbios têm um papel fundamental nisso tudo.

Carolina não cabia em si de satisfação:

— Como é lindo este mundo dos micróbios!

E acrescentou em seguida, meio encabulada diante de todos aqueles pequenos seres:

— E eu que sempre pensei que os micróbios fossem todos maus... Nunca imaginei que a nossa vida e o nosso mundo dependessem tanto de vocês...

Você sabia?

Os micróbios são estudados por biólogos, médicos, químicos, engenheiros e outros profissionais em uma ciência chamada *Microbiologia*. Esses estudos permitem conhecer micróbios como os decompositores e outros, como os causadores de doenças e os que podem produzir alimentos, medicamentos e vacinas.

Penicílio sorriu, emocionado.

— Agora, acho que está chegando a hora de você voltar para o seu mundo — disse.

— É verdade!... Mas como vou fazer isso? Eu não tenho mais daquele cogumelo!

O funguinho riu:

— Não é preciso. Assim que sua mãe chamar, você volta. Acho que você já pode ir se despedindo de todos.

Carolina voltou-se para se despedir das pequenas algas. Enquanto elas dançavam, iam cercando a menina, como fazem as bailarinas em torno da figura principal nos bailados. Alegre e feliz, ela mandava beijos aos seus mais novos amigos: Asterionela, Micrastério, Cosmário... Foi quando ouviu a voz de sua mãe chamando:

— Carolina! Onde está você?

A menina teve tempo só de dar um abraço e um adeusinho final ao amigo Penicílio. Em seguida, já estava no seu tamanho normal, sentada no banquinho da cozinha, diante do copo de suco de laranja.

— Carolina! — a mãe chamou novamente.

A porta da cozinha se abriu e a mãe entrou, com ar preocupado.

— Ah! Você está aí... Fui procurá-la no quarto.

— É... é que eu vim tomar o suco de laranja.

— Isso vai lhe fazer bem. Agora não é bom você voltar para a cama?

— Pode ser... Mas estou me sentindo tão bem... acho que não tenho mais febre!

A mãe sorriu e colocou a mão na testa de Carolina.

— É verdade, você está me parecendo bem melhor! Mas precisa continuar tomando o antibiótico como a tia Neusa recomendou...

Carolina deu um sorriso misterioso. Olhou para o mofo do pão e explicou:

— É, eu já aprendi sobre isso hoje... é que eu conheci o Penicílio... quer dizer... a penicilina, aquela boa fada que me curou, mamãe...

SAMUEL MURGEL BRANCO

©ISMB

Samuel Murgel Branco, conhecido e carinhosamente chamado de Prof. Samuel pelos professores e amigos, sempre foi um apaixonado pela natureza e desde cedo manifestou seu gosto pelo mar e pelas florestas ao pé da Serra do Mar, nas suas andanças pela cidade de Itanhaém, no litoral do estado de São Paulo.

Formou-se em História Natural e especializou-se em Biologia — ciência que estuda a vida em suas diversas formas — e trabalhou como professor e cientista em importantes instituições de ensino e de proteção ao meio ambiente, recebendo muitos prêmios ao longo de sua vida.

Ao se aposentar, passou a escrever livros sobre a natureza e o meio ambiente, especialmente para as crianças, a quem dedicou cerca de 50 títulos.

Títulos de Samuel Murgel Branco para crianças

Coleção Viramundo
Aventuras de uma gota d'água
Carolina e o vento
Curupira e o equilíbrio da natureza
Florinha e a fotossíntese
Iara e a poluição das águas
O saci e a reciclagem do lixo
Passeio por dentro da Terra
Viagem ao mundo dos micróbios

Série HQ na Escola
Uma aventura amazônica
Uma aventura no campo
Uma aventura no mar
Uma aventura no quintal